Le pays merveilleux de Noël

Illustrations de Gill Guile
Textes de Gill Davies et Maureen Spurgeon

LLC EDITIONS

Sommaire

www.lelivreclub.fr
Dépôt légal : Septembre 2006

Imprimé en Chine

Cher Père Noël ....

Je m'appelle Paul. J'habite 25 Grand'rue derrière le grand arbre, à côté de la mare. J'espère que tu passeras la nuit de Noël !

Papa dit que si je suis sage il est certain que tu viendras. Alors, j'ai fait une liste de ce dont j'aurai vraiment très, très envie :

Un château fort, un panda, une voiture de course, un camion avec une remorque basculante, un vélo et un nouveau livre....

J'espère que je ne suis pas trop coquin et que je ne demande pas trop de choses. Le château est le cadeau que je préfère ! Maman dit que ma chambre est déjà bien trop pleine de jouets mais je promets de la ranger avant ta venue.

J'espère que ma lettre te plait. J'ai fait beaucoup d'efforts. Pour toi, j'ai dessiné un bonhomme de neige et un peu de houx pour rendre ma lettre plus jolie.

Je vais pendre ma chaussette au bout de mon lit, essayer de rester endormi et de ne pas regarder quand tu viendras.
Joyeux Noël !

Plein de baisers. Paul.

L'elfe endormi

Il y a beaucoup de travail au pays des jouets.
Les elfes travaillent beaucoup.
Certains fabriquent des jouets.
D'autres font briller le traîneau.
D'autres se dépêchent d'aller chercher
la dernière fournée de lettres au Père Noël.
Tous les autres elfes sont en train de faire
le tri dans les listes de tous les jouets
dont on aura bientôt besoin.

L'elfe Sylvain est très, très fatigué.
Il a fabriqué des trains en bois, des chariots, et des wagons pleins de briques.
Maintenant il a mal à la tête à cause de tous les bruits de l'atelier.
Ses petits doigts sont douloureux à force de planter des clous.
Ses jambes lui font mal à force de courir pour rassembler ses outils.

Sylvain pose sa tête sur l'établi pour se reposer juste un petit moment... bientôt il s'endort.

Les autres elfes rient en le voyant, mais ils sont très gentils et essayent de ne pas faire de bruit, tandis que Sylvain dort, rêvant à l'été où il peut jouer à cache-cache avec les ours polaires.

Alors arrive le Père Noël. Il rit en voyant Sylvain qui dort, puis il le prend et le porte dans sont petit lit d'elfe, dans sa petite cabane en rondins.

« Je vous ai fait trop travailler », dit Le Père Noël à tous les elfes. « Aujourd'hui, mes amis, ce sont les vacances ! »

Alors tous les elfes sortent jouer dans la neige certains font du toboggan, d'autres vont s'amuser avec les rennes. Puis, plus tard, ils rentrent s'asseoir dans leurs fauteuils à bascule pour lire des livres ou faire des puzzles.

Lorsque Sylvain s'éveille, il est tout surpris de se retrouver au lit et encore plus surpris de voir les autres elfes qui jouent dehors et le saluent par la fenêtre.

« Merci Sylvain, merci beaucoup ! »
Dirent tous ses amis.
« Aujourd'hui, grâce à toi,
c'est un jour de vacances ! »

Le lendemain, tous les elfes retournent à leur travail, se sentant reposés et heureux. Depuis cette année-là, ils ont toujours un jour de vacances pendant la préparation de Noël.

Le petit âne

Petit âne est fatigué. Il a marché pendant des heures montant et descendant des collines, longeant de gros rochers et des bergeries isolées, tout au long du chemin dur et caillouteux.

Il a mal aux jambes. Son dos est douloureux. Mais il continue à marcher, un petit pas après l'autre : clip, clop... clip, clop...

Enfin il peut voir Bethléem. Des lumières scintillent dans la petite ville en dessous d'eux, nichée dans les collines.

Marie se penche vers lui et lui caresse la tête. « Merci, l'âne » murmure-t-elle. « Nous sommes presque arrivés. Bientôt, tu pourras te reposer. »

Sa voix est si chaude et douce que l'âne en oublie sa fatigue. Il oublie le chemin dur et caillouteux. C'est tout juste s'il ne se met pas à galoper dans Bethléem.

D'une façon ou d'une autre, l'âne sait que c'est une nuit très spéciale. Quelque chose de merveilleux va arriver, même s'il ne peut deviner quoi.

Ils sont enfin au centre de la ville.
Il ne reste plus aucune chambre de libre.
Ils se frayent un chemin dans les rues,
mais tous les endroits où ils voudraient
aller sont bondés.

« Pas de chambres, pas de chambres ! »
disent les uns après les autres les aubergistes.

« Pauvre petit âne » dit Marie en lui
tapotant la tête.
« Tu dois être bien fatigué. Laisse-moi
descendre de ton dos et marcher un
moment afin que tu puisses reprendre
ton souffle. »

L'âne trouve une belle étable.
Elle semble bien chaude et confortable.
L'âne hennit et donne un petit coup de tête à Joseph pour lui montrer qu'il y a enfin ici un endroit où s'installer.

« Oh, oh » dit en riant l'aubergiste.
« En voilà une idée, petit âne,
tes maîtres peuvent partager
l'étable avec toi, si tu veux.
Il y a de la place à l'intérieur ! »

Plus tard dans la nuit, l'âne se réveille.
L'étable est éclairée par l'étoile la plus brillante qu'il ait jamais vue et Marie a mis au monde un petit garçon.

Marie installe avec douceur le petit bébé dans la paille douce pour qu'il dorme, juste à côté de l'âne.
Le petit âne reste réveillé toute la nuit et contemple le plus beau petit bébé qu'il ait jamais vu.

Les anges chantent dans le ciel, puis viennent voir l'enfant Jésus. Des bergers et trois rois mages chargés de merveilleux cadeaux s'agenouillent. « Hi-han ! » murmure l'âne. « Je suis heureux que tu sois né cette nuit. Je prendrai bien soin de toi. »

L'âne soupire et sourit quand le bébé gazouille et semble lever un bras pour caresser son nez duveteux. C'est vraiment une nuit merveilleuse.

Joyeux Noël !

La fée de l'arbre de Noël avait une baguette magique argentée, elle portait une couronne de perles et de petites pierres précieuses et une jolie robe en dentelle.
« Tu es si belle » murmuraient toutes les autres décorations de l'arbre.

Mais la fée ne souriait pas. Elle était certes très jolie, mais elle était aussi très malheureuse. De grosses larmes coulèrent sur ses jolies joues roses.
« Pour quelle raison ? » demandèrent les cloches et les guirlandes.

« Je suis si seule » dit en pleurant la pauvre petite fée. « Vous êtes très nombreux, mais moi, je suis unique. J'ai besoin d'une autre fée pour lui parler de temps à autre ».
A ce même instant, une petite fille entra dans la pièce pour voir le splendide arbre de Noël.

« Oh, que c'est beau ! » s'exclama-t-elle, applaudissant de bonheur.
Puis son visage changea et elle eut l'air un peu triste.
« Mais où est l'ancienne fée ? » demanda-t-elle.

« Nous en avons acheté une nouvelle » répondit son père. « Elle est vraiment très jolie » répondit la petite fille, « mais j'aimais notre ancienne fée et je serais bien triste si elle devait rester enfermée dans une boîte au grenier sans profiter de Noël avec nous. »

Sa maman monta au grenier et trouva l'ancienne fée. La petite fille sourit lorsque son père la posa tout en haut de l'arbre, juste à côté de la nouvelle fée. « Maintenant, nous avons deux belles fées sur notre arbre ! » s'écria la petite fille. « Je suis la plus heureuse du monde ! ».

Maintenant, la nouvelle petite fée souriait.
Elle était aussi heureuse qu'on puisse l'être...
L'ancienne vieille fée était contente elle aussi
d'avoir été sauvée du grenier et ravie de
trouver une nouvelle amie.

Lorsque la famille ferma la porte
cette nuit-là, les deux fées se mirent
à danser au sommet de l'arbre
et les autres décorations scintillèrent
de bonheur.
Quel merveilleux Noël pour tous !

La boule de neige géante

« Allons faire des boules de neige »
suggéra Fripounet le lapin, en cette veille de Noël.
« Faisons la plus grosse boule de neige de la forêt » dit Léo.
« Faisons la plus grosse boule du pays » dit en riant Léon.
« Faisons la plus grosse boule du monde » s'écria Pilou.

Les lapins se mirent donc à faire une boule de neige.
Au début, elle n'était pas plus grande que leurs pattes,
puis elle fut grosse comme leurs têtes et enfin aussi
haute que les petits lapins debout.

« Elle est énorme » dit Fripounet.
« Mais ce n'est pas la plus grosse boule de la forêt »
dit Léon. « Ni du pays » dit en gloussant Léo.
« Ni du monde » s'écria Pilou.
« Pourquoi ne pas la faire rouler jusqu'en bas de la
colline ? » suggéra Fripounet.

C’est ce qu’ils firent. La boule de neige commença à rouler lentement, puis de plus en plus vite, ramassant de la neige et devenant de plus en plus grosse. Elle fut bientôt énorme ! Tout le monde sortait pour la voir passer dans un bruit de tonnerre ; elle frôla de près l’écureuil sur son vélo, et un groupe de chatons chantant des airs de Noël. Elle roula sur l’étang gelé, effrayant les canards.

La glace craqua. L’énorme boule plongea et commença doucement à fondre.

« Quel plouf fantastique ! » dit en riant le lapin Fripounet.
« Le plus énorme plouf de la forêt ! » s’exclama Léon.
« Le plus énorme plouf du pays ! » rigola Léo.
« Le plouf le plus énorme du monde ! » s’exclama Pilou.

Puis les lapins tout heureux rentrèrent à la maison pour préparer la nuit de Noël.

Le Noël de Grand-Père

« Et voici un grand-père qui voudrait un skateboard » dit en riant le Père Noël qui ouvrait le courrier de Noël.
Il existe toutes sortes de grands-pères. Certains racontent des blagues, d'autres fument la pipe ou font des mots croisés. Nombreux sont ceux qui s'endorment et ronflent tout l'après-midi. Mais ce grand-père est différent. Il ne veut pas être un grand-père démodé.

« Il n'a pas demandé quelque chose d'habituel comme une paire de chaussons ou un mouchoir » dit le Père Noël aux rennes.
« Il voudrait une veste orange vif et un skateboard. »
Le Père Noël est bien surpris, mais il dit aux rennes :
« Je serai vraiment heureux de l'aider ».

Le soir de Noël, Grand-Père rejoint ses petits enfants et lui aussi pend sa chaussette de Noël.

Lorsque le Père Noël arrive avec les cadeaux, il rit et dit aux rennes : « Il me ressemble vraiment ! ».

Le lendemain matin, Grand-Père est tout excité de voir que sa chaussette déborde de chocolats et de livres, d'un bonnet bleu à pompon, de la veste orange vif qu'il voulait et d'un superbe skateboard pourpre et argent.

Grand-Père est tout heureux. Il enfile ses nouveaux vêtements et sort pour essayer le skateboard.

« C'est parti ! » dit Grand-Père que ses petits-enfants regardent tout ébahis, en courant dans la rue pour mieux le voir.

« Cela faisait bien longtemps que je voulais essayer un de ces engins à roulettes » leur dit Grand-Père, un grand sourire jusqu'aux oreilles.

Heureusement, c'est le jour de Noël et il n'y a pas trop de voitures aux alentours. Soudain Grand-Père trébuche. . . et tombe contre la haie enneigée. . . puis se rattrape. Quel acrobate !

C’est pour lui un merveilleux matin de Noël. Quand on est très âgé, il est facile d’oublier comme il est bon de jouer comme un enfant, car on n’a plus fait ce genre de choses depuis bien longtemps.

Maintenant, Grand-Père est fatigué et il a faim. Alors il retourne vers la maison pour déjeuner avec toute sa famille. Il s’assied pour lire un de ses nouveaux livres, et, en quelques secondes s’endort paisiblement.

« Il ressemble à un Grand-Père normal maintenant » disent ses petits-enfants, mais ils savent bien que ce n’est pas tout à fait vrai.

La nuit la plus longue

Petit ange était perplexe. Habituellement le ciel était un endroit tranquille et paisible, mais ce jour-là, les anges volaient en tous sens en tourbillonnant.

« Que se passe-t-il ? » demanda petit ange. « Je n’ai pas le temps de te parler, je t’expliquerai plus tard, lorsque je serai moins pressé » lui promit son oncle Gabriel, passant à toute vitesse.

Certains anges accordaient leurs harpes ; d'autres faisaient briller leurs auréoles ; d'autres encore volaient très haut pour entraîner leurs ailes. Leurs plus belles robes d'anges avaient été lavées et séchaient, pendues à de floconneux nuages blancs.

Pendant ce temps, petit ange put entendre le chœur répétant des chants ravissants. Tout le monde, au ciel, était très, très occupé. Quelle journée !

Puis, quand le soir arriva,
ils s'envolèrent, passant les portes du ciel et laissant petit ange assis tout seul dans son coin.

« Ouf ! Quelle journée ! » soupira la blanche colombe, venant se percher à côté de petit ange.
« J'ai cru qu'ils ne seraient jamais prêts pour la nuit la plus longue ».
« Que se passe-t-il donc ? » demanda petit ange, perplexe.

« Personne ne t'a rien dit ? » lui dit la blanche colombe, toute étonnée. « C'est la nuit la plus importante depuis le commencement du monde. Le fils de Dieu est né sur la terre et nous devons lui faire un merveilleux accueil ! »

« Oh ! » fit petit ange.
« Puis-je moi aussi aller voir cet évènement ? »
« C'est un long vol, mais si nous y allons ensemble et que tu restes avec moi, cela devrait aller » roucoula la colombe.

Ils s'envolèrent par cette belle et sombre nuit.
Toutes les étoiles étincelaient.
Ils trouvèrent le chœur des anges. Ils chantaien
au-dessus d'une crèche éclairée d'une
magnifique étoile très brillante.
C'est là que dormait le petit Jésus.

Petit ange tira de ses ailes une de ses plus belles plumes dorées et la donna au petit enfant.
Il serra la plume dans sa main et regarda gentiment petit ange.
« Merci » dit sa maman.

Elle souriait tandis que le bébé gazouillait joyeusement.
Petit ange n'avait plus aucun souci.
Chacun savait que ce bébé était très particulier et que cette nuit était vraiment la plus importante de tous les temps.